उजाले अपनी यादों के

(बशीर बद्र की ग़ज़लें)

उजाले अपनी यादों के

सम्पादक

विजय वाते

वाणी प्रकाशन

वाणी प्रकाशन
4695, 21-ए, दरियागंज, नयी दिल्ली 110 002
फ़ोन : +91 11 23273167 फ़ैक्स : +91 11 23275710
शाखाएँ
अशोक राजपथ, पटना 800 004, बिहार
कॉफ़ी हाउस कैम्पस, महात्मा गांधी मार्ग, इलाहाबाद 211 001, उत्तर प्रदेश
महात्मा गांधी अन्तरराष्ट्रीय हिन्दी विश्वविद्यालय, वर्धा 442 001, महाराष्ट्र
36/ए, शेक्सपीयर सरणी, रानी बिरला गर्ल्स कॉलेज के पास, कोलकाता 700 017, प. बंगाल
www.vaniprakashan.com
marketing@vaniprakashan.in
sales@vaniprakashan.in

Ujale Apni Yadon Ke
Edited by Vijay Vate

ISBN : 978-81-7055-458-5
Collection of Ghazal

संस्करण 1998, 2000, 2007, 2008, 2009
छठा संस्करण 2023

मूल्य : ₹ 300

आर. टेक ऑफ़सेट प्रिंटर्स, दिल्ली-110 032 में मुद्रित

वाणी प्रकाशन का लोगो मक़बूल फ़िदा हुसेन की कूची से

यह लिप्यन्तर ... ?

पिछले दिनों एक यात्रा के दौरान गुजरात के बड़ोदरा स्टेशन से गुज़रना पड़ा। ट्रेन वहाँ कुछ ज़्यादा ही देर तक रुकती है, इसलिए यूँ ही प्लेटफार्म पर बुक-स्टाल में सजी किताबें टटोलने लगा। अनायास ही पेपर बैक में छपी एक छोटी-सी पतली किताब हाथ आ गई, जिसके कवर पर गुजराती लिपि में लिखा था 'बशीर बद्र'। किताब को खोलकर देखा, कोई 60 ग़ज़लें गुजराती में छपी हुई थीं जिन्हें निदा फाज़ली ने संकलित किया था। मैं गुजराती जानता हूँ, सो वह किताब ख़रीद ली और बम्बई तक की यात्रा में पूरी पढ़ गया। इस किताब ने मेरे सामने डॉ. बशीर बद्र के कुछ नये रूपों को उद्घाटित किया।

डॉ. बशीर बद्र को यहाँ-वहाँ कुछ-कुछ सुना था, उनके कुछ मशहूर शेरों से मैं उसी तरह वाक़िफ़ था, जिस तरह ज्ञानी जैल सिंह, श्रीमती इन्दिरा गान्धी, जुल्फिकार अली भुट्टो से लेकर एक रिक्शे वाले, ट्रक ड्राइवर और कुली, मज़दूर तक के तमाम लोगों की एक लम्बी रेंज वाक़िफ़ और प्रभावित है। मुझे मालूम था कि—

> उजाले अपनी यादों के हमारे साथ रहने दो,
> न जाने किस गली में ज़िन्दगी की शाम हो जाये।
>
> और
>
> दुश्मनी जमकर करो लेकिन ये गुंजाइश रहे,
> जब कभी हम दोस्त हो जायें तो शर्मिन्दा न हों।

जैसे मशहूर शेर डॉ. बशीर बद्र ने कहे हैं और जो कुछ और मशहूर शेर उनकी उपलब्धियों में शामिल हैं, जैसे—

कोई हाथ भी न मिलायेगा जो गले मिलोगे तपाक से,
ये नये मिज़ाज का शहर है ज़रा फासले से मिला करो।

कुछ तो मजबूरियाँ रही होंगी,
यों कोई बेवफ़ा नहीं होता।

लोग टूट जाते हैं एक घर बनाने में,
तुम तरस नहीं खाते बस्तियाँ जलाने में।

जैसे शे'र जो 8-10 करोड़ लोगों की ज़िन्दगी के साथ चलते हुए उनकी तकरीर और गुफ़्तगू का हिस्सा बन गये हैं, भी डॉ. बशीर बद्र ने कहे हैं। मुझे सबसे ज़्यादा मज़ा तब आया जब एक सड़क-यात्रा में मेरे साथ चल रहे मेरे दोस्त ने मुझे बताया कि आगे जा रहे ट्रक के डाले पर लिखा हुआ शे'र डॉ. बशीर बद्र का है। शे'र कुछ यूँ था—

मुसाफ़िर हैं हम भी, मुसाफ़िर हो तुम भी,
किसी मोड़ पर फिर मुलाक़ात होगी।

कुछ दिनों बाद मैंने एक और ट्रक के डाले पर लिखा हुआ देखा—

दुश्मनी का सफ़र, एक क़दम-दो क़दम,
तुम भी थक जाओगे, हम भी थक जायेंगे।

लुब्बोलुबाब यह कि आम हिन्दी पाठकों की तरह मैं भी डॉ. बशीर बद्र को उर्दू का वो शायर मानता था जिसने कामयाबी की बुलन्दियों को फ़तह कर एक लम्बी रेंज के लोगों के दिलों की धड़कनों को अपनी शायरी में उतारा है। गुजराती में छपे इस छोटे-से संग्रह ने ही मुझे यह बताया कि डॉ. बशीर बद्र इन पन्द्रह-पच्चीस महान् उद्धरणों से आगे भी ज़िन्दगी और कविता के मज़बूत पायों के शायर हैं। इस किताब में मैंने जब उनका यह शे'र पढ़ा—

धूप के ऊँचे-नीचे रस्तों को,
एक कमरे का बल्ब क्या जाने।

तो पता लगा कि डॉक्टर साहब के वो शे'र जो मीर-ओ-ग़ालिब के शेरों की तरह मशहूर हैं, अतः अच्छे हैं ही और ग़ज़ल के सरमाये का एक अहम हिस्सा भी, लेकिन जो शे'र कल की ग़ज़ल का पैग़म्बर बनेंगे, उनसे मेरा साक्षात्कार नहीं हुआ था। मुझे यह भी लगा कि अव्वल तो डॉ. बशीर बद्र उर्दू लिपि में लिखने और छपने के बावजूद निखालिस उर्दू शायर नहीं हैं और दूसरे हिन्दी कविता के वर्तमान परिदृश्य में वे एक ऐसी आवश्यकता हैं, जिसके बिना यह परिदृश्य अधूरा नहीं तो कम-से-कम कुछ कम अवश्य लगेगा। लगा जैसे एक ख़ास लिपि के अज्ञान की दीवारें हिन्दी के पाठकों और काव्य-रसिकों के लिए एक ऐसा कमरा बन गई हैं, जहाँ से ऊँचे-नीचे रस्तों की धूप, कमरे के बल्ब तक और कमरे के बल्ब की रोशनी, धूप के ऊँचे-नीचे रस्तों तक नहीं पहुँच पा रही है।, फिर मैंने सोचा कि गुजराती में कुछ लोगों ने दीवारें तोड़ने का यह काम अगर कर लिया है, तो हिन्दी में भी कुछ लोगों ने किया ही होगा, और किताबों की कई दुकानों को खँगाल मारा, कई शायरों के लिप्यन्तर पढ़े। वे मुझे अच्छे लिप्यन्तर लगे और उर्दू शायरी का ख़ासा लुत्फ भी मिला, लेकिन डॉ. बशीर बद्र की कोई किताब देवनागरी में नहीं मिल पाई और ग़ज़ल को हिन्दी और उर्दू के खण्डों से निकालकर महसूस करना भी सम्भव नहीं हो पाया।

इसी दौरान सापेक्ष के ग़ज़ल विशेषांक के सम्पादन में सहयोग का मौक़ा मुझे मिला। मेरा तबादला भी भोपाल हो गया, जहाँ मुझे पता चला कि डॉ. बशीर बद्र भोपाल में ही मेरे आफ़िस से करीब दो सौ गज की दूरी पर रह रहे हैं। मैंने सोचा कि क्यों न हिन्दी ग़ज़ल पर उनका एक इन्टरव्यू कर लिया जाये। डॉ. साहब ने अपनी बीमारी के बावजूद बात करने के लिए सहमति दे दी और इन्टरव्यू के शुरुआत में ही मैंने उन्हें यह कहकर छेड़ दिया कि वे उर्दू के एक बड़े शायर हैं, "हिन्दी ग़ज़ल पर अपनी टिप्पणी करें ।" मेरी बात पूरी होने से पहले ही प्रतिवाद के स्वर और कुछ रूखे अन्दाज़ में उन्होंने कहा कि मैं उर्दू-हिन्दी भाषा का शायर नहीं हूँ, मैं सिर्फ़ ग़ज़ल की भाषा का शायर हूँ। इस तरह शुरुआत

में ही उन्होंने मुझे चेता दिया कि बातचीत सिर्फ़ ग़ज़ल पर होगी, हिन्दी ग़ज़ल या उर्दू ग़ज़ल पर नहीं। फिर तो बातों का एक लम्बा सिलसिला चल पड़ा, और उस दौरान एक मज़ेदार मौक़ा तब आया जब मैंने उन्हें उनके बहुत पढ़े जाने वाले मशहूर शेरों के बारे में छेड़ दिया। चिढ़ते तो डॉ. साहब कभी नहीं हैं, लेकिन एक हल्की-सी रुखाई ज़रूर उनके स्वर में कौंधी और उन्होंने पूछा, "मैं अपने इन मशहूर शेरों की धौंस में क्यों आऊँ?" फिलहाल इस इन्टरव्यू के दौरान हिन्दी कविता और उर्दू शायरी पर लम्बी बातचीत हुई। डॉ. साहब ने पूरी जिम्मेदारी के साथ यह दावा भी किया कि ग़ज़ल का आने वाले कल का बड़ा शायर अब हिन्दी में ही पैदा होगा और यह आशा भी व्यक्त की कि सिन्धी, गुजराती, मराठी की तरह कल अंग्रेज़ी में भी ग़ज़लें कही जायेंगी और इस बात पर अफ़सोस भी जाहिर किया कि उन्हें देवनागरी पढ़ने का अच्छा अभ्यास नहीं होने के कारण वे हिन्दी कविता के अध्ययन और लुत्फ से महरूम रह गये हैं।

इस बातचीत के दौरान उन्होंने अपनी कुछ ऐसी ग़ज़लें सुनाईं जो न तो देवनागरी में छपी हैं, न मुशायरों में सुनी गई हैं। एक ग़ज़ल का शे'र कुछ यूँ था—

सड़कों, बाज़ारों, मकानों, दफ़्तरों में रात-दिन
लाल-पीली, सब्ज़ नीली, जलती-बुझती औरतें।

हिन्दी की ग़ज़ल की परम्परा में, जो उर्दू से ही आई है, डॉ. बशीर बद्र का स्थान मीर तक़ी मीर की विरासत है। यों तो आज ग़ज़ल को हिन्दी और उर्दू के दायरे में देखना ही अनुचित है, क्योंकि सांस्कृतिक आदान-प्रदान के युग में मात्र लैपिकीय प्रयोग के प्रति यह दृष्टिकोण संकीर्ण और अप्रासंगिक ही है। भाषाओं के सम्मिश्रण से जब भाषिक विकास होता है, तो यह सम्मिश्रण केवल शब्दों का ही नहीं, वरन् उन भाषाओं के पीछे की समूची सांस्कृतिक अवधारणाओं का होता है। इस प्रक्रिया में एक भाषा दूसरी भाषा के नज़दीक, केवल अपना स्थूल

शब्दकोष लेकर नहीं आती, बल्कि एक पूरी की पूरी दुनिया अपने साथ लेकर आती है। उर्दू का हिन्दी में प्रवेश कोई आकस्मिक घटना नहीं है, यह भारत में स्वातंत्र्योत्तर काल में विकसित हुई एक संस्कृति की कथा है। कठिनाई यह है कि हम जिस तरह खड़ी बोली की कविता-यात्रा में उर्दू अदब के किंचित प्रभाव को भी विचार में नहीं लेते, उसी तरह हिन्दी ग़ज़ल की प्रकृति का फ़ैसला करते वक़्त पूरी गम्भीरता से दुष्यन्त कुमार के पीछे भी नहीं ज़ाना चाहते। आज आम बोलचाल में उर्दू अंग्रेज़ी का प्रयोग अबोध विधि व निष्कपट भाव से कुछ इस प्रकार हो रहा है, कि इन भाषाओं के अनेकों शब्द अपनी सत्ता को पीछे छोड़कर हिन्दी से एकात्म हो गये हैं. दरअसल इसी प्रक्रिया के चलते ही कविता की भाषा और बोलचाल में भाषा के कम्पार्टमेंट भी टूटते हैं। अपनी आन्तरिक जरूरत के तहत् रचना को बोलचाल के जिस शब्द की जरूरत होती है, वह उसे निस्संकोच अपना लेती है। अपनी कथित चरित्रगत स्वच्छता बनाये रखने और भाषा की मूल सत्ता खो जाने के भय से वह अभिव्यंजना को अधूरा नहीं छोड़ती। यही हिन्दी के बड़े कवियों ने किया है और मीर तक़ी मीर और कुछ उर्दू शायरों ने, जिनमें डॉ. बशीर बद्र का नाम सबसे ऊपर लिया जाना जरूरी है। डॉ. साहब ने इस सिलसिले में अंग्रेजी से भी कोई परहेज नहीं किया है। उन्होंने पहली बार उन अंग्रेज़ी शब्दों को ग़ज़ल बनाया, जो हमारी भाषा का हिस्सा हो गये थे। उनके पहले ग़ज़ल में ये करतब सोचा भी नहीं जा सकता था। कुछ उदाहरण देखिए,

थके थके पेडल के बीच चले सूरज
घर की तरफ लौटी दफ्तर की शाम।
वो जाफ़रानी पुलोवर उसी का हिस्सा है,
कोई जो दूसरा पहने तो दूसरा ही लगे।

विषयान्तर का थोड़ा खतरा उठाते हुए यहाँ हम यह भी देख सकते हैं कि सिर्फ भाषा के स्तर पर ही नहीं, अपितु ग़ज़ल को युगीन चेतना से युक्त बौद्धिक प्रतीक धर्मिता से जोड़कर भी डॉ. बशीर बद्र ने एक बुनियादी काम किया है। हिन्दी, उर्दू, अंग्रेजी, पर्शियान की गैरग़ज़ली शब्दराशि को

पूरी सहजता के साथ अपने शे'रों में समाहित कर उन्होंने नयी ग़ज़ल के लिए जहाँ एक विशाल शब्दकोष खुला छोड़ दिया है वहीं ग़ज़ल को पारम्परिक बिम्बों, मुहावरों और रूपकों की जड़ता से निकालकर समकालीन चेतना के साथ साँस लेना सिखा दिया है। बिना किसी शोर-शराबे और नारेबाज़ी के ग़ज़ल महफ़िलों से बाहर आकर शहरों, गाँवों, घर, परिवार, प्रेम, वियोग, कारखानों, बगीचों और प्रकृति के साथ-साथ रेल, बसों और किताबों में आकर रम गयी। यह ग़ज़ल का पुनर्जीवन है। इसीलिये शायद यह अकारण नहीं है कि डॉ. बशीर बद्र की ग़ज़लों में शमा परवाना जागोमीनासाकी का प्रयोग सिरे से ग़ायब मिलता है. अभिव्यंजना में दुराग्रहों से कोसों दूर रहने वाले डॉ. बशीर बद्र, ने यहाँ दुराग्रह से काम लिया है।

कभी जो संज्ञा वाचक शब्द किसी वस्तु विशेष का बोध कराते थे, वे आगे चलकर बहुत सहज बिम्ब हो जाते हैं और संज्ञाओं के पीछे के आदमी की हँसी-खुशी, आशाओं, आकांक्षाओं, चिन्ताओं, उद्वेगों, आवेगों का मूर्त बोध कराने लगते हैं। यादों के साथ उजाले, मृत्यु के साथ शाम और जीवन के साथ अनेकानेक गलियों का रूपक अब भाषा में एकाकार हो गये हैं, यहाँ सम्प्रेषण के किसी माध्यम की आवश्यकता नहीं रह जाती है और यह रूपक जन-जन तक आसानी से पहुँचने वाली कविता की पहचान बन जाते हैं यही काव्य की विकास यात्रा है। कवि की निजी नितान्त वैयक्तिकता के क्षणों में उसके आस-पास की चीजें, मेज, कुर्सी, सूरज, रेल की पटरी, नारियल के दरख्त, अटैची, कोट आदि के पीछे जो आदमी है, वह उससे बातचीत करता है और यह बातचीत जब एक सार्थक अभिव्यंजना के रूप में फूट पड़ती है तो वह एक महान कविता ही होती है। आज की भाषा में ये रूपक संज्ञा की परिधि के बाहर नहीं आ पाने से यदि आमफहम नहीं हो पाये हैं, तो भी इस बात की क्या गारण्टी है कि आने वाले कल के काव्य रसिक इनके भीतर के इंसान को नहीं पहचान पायेंगे? पाठक पर ऐसा अविश्वास करना काव्य की विकास यात्रा पर अविश्वास करना है।

जब डॉ. बशीर बद्र कहते हैं—

बारिशों में किसी पेड़ को देखना,
शाल ओढ़े हुए भीगता कौन है।

तो वे किसी पेड़ को एक ऊनी कपड़ा तो नहीं ओढ़ाते हैं। जब रात के घुप्प अँधेरे में दूर से आती हुई रेल को देखकर डॉ. बशीर बद्र कहते हैं—

पीछे-पीछे रात थी तारों का एक लश्कर लिये,
रेल की पटरी पे सूरज चल रहा था रात को।

तो यह मंज़र, सिर्फ़ रात के अँधेरे में चल रही रेल का मंज़र ही तो नहीं होता, बल्कि एक चलती-फिरती जीवन्त दुनिया होती है। और जब वे कहते हैं—

नारियल के दरख़्तों की पागल हवा, खुल गये बादवाँ लौट जा लौट जा,
साँवली सरज़मीं पर मैं अगले बरस फूल खिलने से पहले ही आ जाऊँगा।

या

सब्ज़ पत्ते धूप की ये आग जब पी जायेंगे,
उजले फर के कोट पहने हल्के जाड़े आयेंगे।

और जब वे कहते हैं—

मुझको शाम बता देती है,
तुम कैसे कपड़े पहने हो।

या

सारे दिन की थकी साहिली रेत पर,
दो तड़पती हुई मछलियाँ सो गईं।

झिलमिलाते हैं किश्तियों में दिये,
पुल खड़े सो रहे हैं पानी में।

और उससे भी आगे जाकर जब कहते हैं—

कच्चे फल कोट की जेब में ठूँसकर जैसे ही मैं किताबों की जानिब बढ़ा,
गैलरी में छुपी दोपहर ने मुझे नारियल की तरह तोड़कर पी लिया

तो डॉ. बशीर बद्र का वह रूप सामने आता है, जिसके बारे में उन्होंने खुद ही एक जगह कहा है—

> कोई फूल धूप की पत्तियों में हरे रिबन से बँधा हुआ,
> ये ग़ज़ल का लहजा नया-नया न कहा न सुना हुआ।

ग़ज़ल के इन शेरों का आज लोकप्रिय न होना गुणवत्ता की कोई कसौटी नहीं है, और इस बात की गारण्टी भी नहीं है कि कल या आज भी, नारियल के दरख़्तों की पागल हवा के पीछे काव्य-रसिक भारत के धुर दक्षिण में समन्दर के किनारे की किसी अल्हड़ युवती को न देख पाये। ऐसा सोचना कविता की विकास यात्रा में अनास्था जाहिर करना है।

ग़ज़ल के साथ जो बहुत सी गलतफहमियाँ जुड़ी हैं, उनमें से एक रूपकों और बिम्बों के पुनरावर्तन से निकली सम्प्रेषणीय सहजता की विशिष्टता भी है। बल्कि आमतौर पर तो यह ग़ज़ल की अनिवार्यता ही मानी जाती है। इसी गलतफहमी के चलते जहाँ एक ओर हिन्दी कविता के मर्मज्ञ ग़ज़ल को ही कविता से ख़ारिज कर देते हैं वहीं दूसरी ओर डॉ. बशीर बद्र की उन ग़ज़लों पर पर्याप्त आलोचना उर्दू हिन्दी में भी नहीं की गई जिसमें एकदम नये बिम्ब व रूपक हैं, जिसकी इमेजरी नयी दुनिया से लायी हुई इमेजरी है, जो एक तरह से ग़ज़ल की परम्परा को आगे बढ़ाते हुए भी पारम्परिकता से डिपार्चर है। यहाँ बशीर बद्र के जो शे'र दुनिया भर में सबसे मशहूर शे'र हैं, उनकी काव्यगत गुणवत्ता पर कोई टिप्पणी किये बगैर मैं यह कहना चाहूँगा कि उनका असली कारनामा आज की वैश्विक जिन्दगी से नये इंसान की तलाश किया जाना है, जिस पर अभी काफी कुछ लिखा जाना था।

डॉ. बशीर बद्र ने शब्दों से अपनी बात बुलवाने का काम लिया है

और इस दौरान उन्होंने शब्द में अपनी ज़मीन और मिट्टी के संस्कार बो दिये हैं। यही कारण है कि उनके 'शब्द' उनकी ग़ज़लों के हिन्दी या उर्दू होने पर कोई फ़ैसला नहीं दे सकते हैं। अगर उनकी ग़ज़लियत पर उर्दू आलोचना में कुछ सवालात उठाये भी गये हैं, तो शायद इसलिए कि वे एक रची-रचाई बँधी-बँधाई बिम्ब योजना, रूपकों और मुहावरों से बाहर चले गये हैं। लेकिन इस तरह बाहर जाना उनकी मजबूरी थी, क्योंकि रचना की आत्मतुष्ट वैयक्तिकता और रूमानी भाववाद के जिस दौर में, सामाजिक चिन्ता और मानवीय सरोकारों में बँधे कवि एक गहरा अँधेरा महसूस कर रहे थे, जहाँ एक ओर किशोर भावुकता की भीड़ लगी थी और दूसरी ओर कलावाद के नये-नये जुमले पाठक को छल रहे थे, कुछ हिन्दी कवियों की तरह डॉ. बशीर बद्र ने भी अपनी ग़ज़ल के शेरों में उस देशकाल की मिट्टी के संस्कार बो दिये जिन्होने अगली पीढ़ी को भी प्रभावित किया। उनकी काव्य-भाषा, मुहावरे और अभिव्यक्ति के सीधे नुकीलेपन ने इस कविता को आकर्षक बनाया। यहाँ कविता साधारण आदमी के साथ जीवन के तर्क या प्रश्न नहीं करती, उसे असहायता में खीझकर छोड़ नहीं देती, उसे उपदेश और सलाह भी नहीं देती, देती है तो सिर्फ़ एक दिलासा। उनकी कविताएँ या शे'र किसी दिशा विशेष की ओर से ले जाने की वजह से नहीं, बल्कि मानवीय सम्बन्धों के सार्थक आश्वासन और आत्मविश्वास को सम्वेदनात्मक बल पहुँचाने की वजह से श्रेष्ठ हैं, इसीलिये लिप्यन्तर का यह उपक्रम भी है।

डॉ. बद्र की कविता का अत्यन्त प्रीतिकर पक्ष उनकी सादगी है। कितने भोलेपन से वे कह जाते हैं—

> हम से मुसाफ़िरों का सफ़र इन्तिज़ार है,
> सब खिड़कियों के सामने लम्बी कतार है।

और ऐसे ही कहते हैं—

> हम क्या जानें दीवारों से, कैसे धूप उतरती होगी,
> रात रहे बाहर जाना है, रात गए घर आना बाबा।

तो लगता है कि यह भोलापन सिर्फ अभिव्यंजना का भोलापन नहीं है। यह इसलिए आकर्षित करता है कि जहाँ कविता एक छोर पर सहजता की आड़ में, कविता जहाँ सपाटबयानी और वक्तव्य का पर्याय हो गई है, वहीं दूसरे छोर पर वह गहरी और मार्मिक होने की प्रक्रिया में जटिल और दूभर हो गई। जन की पक्षधरता के बावजूद कवि जन तक पहुँचने वाली कविता अक्सर नहीं दे सके। नयी कविता का भाषा का आदर्श भले ही बोलचाल की भाषा रहा हो, लेकिन कई जगह अनुभूतियों के एकान्त, अपरिचित प्रतीक संयोजन और शैली की वक्रता ने उसे जटिल बना दिया है। कुल मिलाकर अगर भाषा सहज हुई तो भी वह सहजता दिखावटी ही रही। डॉ. बशीर बद्र ने माना है कि अभिव्यक्ति प्रक्रिया का मुख्य काम अनुभव और विचार को अधिक सार्थक, सघन और प्रभावी बनाना है। युद्ध का हथियार बनाने वाले कारीगर में योद्धा का सा आक्रोश नहीं होता, लेकिन अस्त्र की मारक क्षमता और युद्ध में उसके होने वाले प्रभाव पर निगाह जरूर होती है। विषमताओं पर तीखे प्रहार भी कितनी बाल सुलभ मासूमियत से किए जा सकते हैं, यह इस शे'र से स्पष्ट हो जायेगा,

किसने जलाई बस्तियाँ बाजार क्यों लुटे,
मैं चाँद पर गया था मुझको कुछ पता नहीं।

सहजता में कविता एक चिन्तन को कैसे रूप दे सकती है ये डॉ. साहब की कविता में देखा जा सकता है और यह भी कि सम्प्रेषण के स्तर पर सरलता से उपलब्ध कविता अनुभूति और रचना-प्रक्रिया के स्तर पर सहज होते हुए भी अपने पीछे से कवि के आत्म-संघर्ष, भीतरी खोजें, बेचैनी, उसके अध्ययन और चिन्तन के सरोकारों से लबालब होती है। इसीलिए दंगों की त्रासदी पर वह आसानी से कह सकता है :

मकां से क्या मुझे लेना मकां तुमको मुबारक हो
मगर ये घासवाला रेशमी कालीन मेरा है।

ये ग़ज़ल कविता आश्वस्त करती है कि अभिव्यंजना के लिये माध्यम की न तो कोई मर्यादा होती है, न ही उसकी कोई भाषा। अगर ऐसी कोई मर्यादा है तो मानवीय सरोकारों की, और कोई भाषा है तो हमारे आस-पास साँस ले रही ज़िन्दगी की। डॉ. बशीर बद्र इसी भाषा के कवि हैं और इसलिये जब वे कहते हैं कि वे उर्दू लिपि में लिखी जाने वाली ग़ज़ल की भाषा के शायर हैं, तो यह लिप्यन्तर जरूरी हो जाता है।

इस संकलन में डॉ. बशीर बद्र की तीन तरह की ग़ज़लें संकलित हैं। पहले वर्ग में वे ग़ज़लें आती हैं, जो आमफहम और अत्यधिक लोकप्रिय हैं। दूसरे वर्ग में वे जो पारम्परिक उर्दू संस्कारों की ग़ज़लें हैं। और तीसरे वर्ग में वे ग़ज़लें, जिन्होंने अपने बाद की ग़ज़ल कविता के लिए कई बन्द दरवाज़े खोले हैं, कई रास्ते बनाये हैं, लेकिन कई क्षितिज अधखुले छोड़ दिये हैं। मैं डॉ. बशीर बद्र साहब का अत्यन्त आभारी हूँ कि उन्होंने मुझे अपनी करीब 500 ग़ज़लों में से ये 100 ग़ज़लें चयनित करने और प्रकाशित करवाने की अनुमति दी। इस पुस्तिका के प्रकाशन की तैयारी में अपने मित्र श्री राजकुमार सिंह सेंगर और श्री मनोज सिंह सिसौदिया द्वारा किये गये सहयोग के लिए मैं उनका भी आभारी हूँ।

— विजय वाते

अनुक्रम

एक चेहरा साथ-साथ रहा जो मिला नहीं,
किसको तलाश करते रहे कुछ पता नहीं।

शिद्दत की धूप तेज़ हवाओं के बावजूद,
मैं शाख़ से गिरा हूँ नज़र से गिरा नहीं।

आख़िर ग़ज़ल का ताजमहल भी है मकबरा,
हम ज़िन्दगी थे हमको किसी ने जिया नहीं।

जिसकी मुखालफ़त हुई मशहूर हो गया,
इन पत्थरों से कोई परिन्दा गिरा नहीं।

तारिकियों में और चमकती है दिल की धूप,
सूरज तमाम रात यहाँ डूबता नहीं।

किसने जलाई बस्तियाँ बाज़ार क्यों लुटे,
मैं चाँद पर गया था मुझे कुछ पता नहीं।

लोग टूट जाते हैं एक घर बनाने में,
तुम तरस नहीं खाते, बस्तियाँ जलाने में।

और जाम टूटेंगे, इस शराबख़ाने में,
मौसमों के आने में मौसमों के जाने में।

हर धड़कते पत्थर को लोग दिल समझते हैं,
उम्र बीत जाती है, दिल को दिल बनाने में।

फ़ाख़्ता की मजबूरी ये भी कह नहीं सकती,
कौन साँप रखता है, उसके आशियाने में।

दूसरी कोई लड़की, ज़िन्दगी में आयेगी,
कितनी देर लगती है, उसको भूल जाने में।

जहाँ पेड़ पर चार दाने लगे,
हज़ारों तरफ़ से निशाने लगे।

हुई शाम, यादों के इक गाँव से,
परिन्दे उदासी के आने लगे।

घड़ी-दो घड़ी मुझको पलकों पे रख,
यहाँ आते-आते ज़माने लगे।

कभी बस्तियाँ दिल की यूँ भी बसीं,
दुकानें खुलीं, कारख़ाने लगे.

वहीं ज़र्द पत्तों का कालीन है,
गुलों के जहाँ शामियाने लगे।

पढ़ाई-लिखाई का मौसम कहाँ,
किताबों में ख़त आने-जाने लगे।

यूँ ही बेसबब न फिरा करो, कोई शाम घर भी रहा करो,
वो ग़ज़ल की सच्ची किताब है, उसे चुपके-चुपके पढ़ा करो।

कोई हाथ भी न मिलायेगा, जो गले मिलोगे तपाक से,
ये नये मिज़ाज का शहर है, ज़रा फ़ासले से मिला करो।

अभी राह में कई मोड़ हैं, कोई आयेगा कोई जायेगा,
तुम्हें जिसने दिल से भुला दिया उसे भूलने की दुआ करो।

मुझे इश्तिहार-सी लगती हैं, ये मोहब्बतों की कहानियाँ,
जो कहा नहीं वो सुना करो, जो सुना नहीं वो कहा करो।

कभी हुस्ने-पर्दानशीं भी हो ज़रा आशिकाना लिबास में,
जो मैं बन-सँवर के कहीं चलूँ, मिरे साथ तुम भी चला करो।

ये ख़िज़ाँ की ज़र्द-सी शाल में, जो उदास पेड़ के पास है,
ये तुम्हारे घर की बहार है, इसे आँसुओं से हरा करो।

कभी यूँ भी आ मिरी आँखों में, के मिरी नज़र को ख़बर न हो,
मुझे एक रात नवाज़ दे, मगर उसके बाद सहर न हो।

वो बड़ा रहीमो-करीम है, मुझे ये सिफ़त भी अता करे,
तुझे भूलने की दुआ करूँ, तो मिरी दुआ में असर न हो।

मिरे बाज़ुओं में थकी-थकी, अभी महवे-ख़्वाब* है चाँदनी,
न उठे सितारों की पालकी, अभी आहटों का गुज़र न हो।

ये ग़ज़ल के जैसे हिरन की आँखों में, पिछली रात की चाँदनी,
न बुझे ख़राबे की रोशनी, कभी बेचराग़ ये घर में न हो।

कभी दिन की धूप में झूम के, कभी शब के फूल को चूम के,
यूँ ही साथ-साथ चलें सदा, कभी ख़त्म अपना सफ़र न हो।

मेरे पास मेरे हबीब आ ज़रा और दिल से क़रीब आ,
तुझे धड़कनों में बसा लूँ मैं कि बिछड़ने का कोई डर न हो।

---

* निद्रालीन

मोहब्बतों में दिखावे की दोस्ती न मिला,
अगर गले नहीं मिलता, तो हाथ भी न मिला।

घरों पे नाम थे, नामों के साथ ओहदे थे,
बहुत तलाश किया, कोई आदमी न मिला।

तमाम रिश्तों को मैं, घर में छोड़ आया था,
फिर इसके बाद मुझे कोई अजनबी न मिला।

ख़ुदा की इतनी बड़ी कायनात में मैंने,
बस एक शख़्स को माँगा, मुझे वही न मिला।

बहुत अजीब है ये कुर्बतों* की दूरी भी,
वो मेरे साथ रहा और मुझे कभी न मिला।

---

* सामीप्य, नज़दीकी

सर झुकाओगे तो पत्थर, देवता हो जायेगा,
इतना मत चाहो उसे, वो बेवफ़ा हो जायेगा।

हम भी दरिया हैं, हमें अपना हुनर मालूम है,
जिस तरफ़ भी चल पड़ेंगे, रास्ता हो जायेगा।

कितनी सच्चाई से, मुझसे ज़िन्दगी ने कह दिया,
तू नहीं मेरा तो कोई, दूसरा हो जायेगा।

मैं ख़ुदा का नाम लेकर, पी रहा हूँ दोस्तो,
ज़हर भी इसमें अगर होगा, दवा हो जायेगा।

सब उसी के हैं, हवा, ख़ुशबू, ज़मीनो-आस्माँ,
मैं जहाँ भी जाऊँगा, उसको पता हो जायेगा।

न जी भर के देखा न कुछ बात की,
बड़ी आरज़ू थी, मुलाक़ात की।

उजालों की परियाँ नहाने लगीं,
नदी गुनगनाई, ख़यालात की।

मैं चुप था तो चलती नदी रुक गई,
ज़ुबां सब समझते हैं, जज़्बात की।

मुक़द्दर मिरी चश्मे-पुरआब का,
बरसती हुई रात, बरसात की।

कई साल से कुछ ख़बर ही नहीं,
कहाँ दिन गुज़ारा, कहाँ रात की।

सियाहियों के बने हर्फ़-हर्फ़ धोते हैं,
ये लोग रात में काग़ज़ कहाँ भिगोते हैं।

किसी की राह में दहलीज़ पर दिये न रखो,
किवाड़ सूखी हुई लकड़ियों के होते हैं।

चराग़ पानी में मौजों से पूछते होंगे,
वो कौन लोग हैं जो कश्तियाँ डुबोते हैं।

क़दीम क़स्बों में कैसा सुकून होता है,
थके-थकाये हमारे बुज़ुर्ग सोते हैं।

चमकती है कहीं सदियों में आँसुओं से ज़मीं,
ग़ज़ल के शे'र कहाँ रोज़-रोज़ होते हैं।

हर जनम में उसी की चाहत थे,
हम किसी और की अमानत थे।

उसकी आँखों में झिलमिलाती हुई,
हम ग़ज़ल की कोई अलामत थे।

तेरी चादर में तन समेट लिया,
हम कहाँ के दराज़ क़ामत थे।

जैसे जंगल में आग लग जाये,
हम कभी इतने ख़ुबसूरत थे।

पास रहकर भी दूर-दूर रहे,
हम नये दौर की मोहब्बत थे।

इस ख़ुशी में मुझे ख़याल आया,
ग़म के दिन, कितने ख़ूबसूरत थे।

दिन में इन जुगनुओं से क्या लेना,
ये दिये रात की ज़रूरत थे।

रात इक ख़्वाब हमने देखा है,
फूल की पंखड़ी को चूमा है।

दिल की बस्ती पुरानी दिल्ली है,
जो भी गुज़रा है, उसने लूटा है।

हम तो कुछ देर हँस भी लेते हैं,
दिल हमेशा उदास रहता है।

कोई मतलब ज़रूर होगा मियाँ,
यूँ कोई कब किसी से मिलता है।

तुम अगर मिल भी जाओ तो भी हमें,
हश्र तक इन्तिज़ार करना है।

पैसा, हाथों का मैल है बाबा,
ज़िन्दगी चार दिन का मेला है।

अगर तलाश करूँ, कोई मिल ही जायेगा,
मगर तुम्हारी तरह, मुझको कौन चाहेगा।

तुम्हें ज़रूर कोई चाहतों से देखेगा,
मगर वो आँखें हमारी, कहाँ से लायेगा।

मैं अपनी राह में दीवार बन के बैठा हूँ,
अगर वो आया तो, किस रास्ते से आयेगा।

तुम्हारे हाथ ये मौसम, फ़रिश्तों जैसा है,
तुम्हारे बाद ये मौसम, बहुत सतायेगा।

•

कोई लश्कर है के बढ़ते हुए ग़म आते हैं,
शाम के साये बहुत तेज़ क़दम आते हैं।

दिल वो दरवेश है जो आँख उठाता ही नहीं,
उसके दरवाज़े पे सौ एहले-करम आते हैं।

मुझसे क्या बात लिखानी है के अब मेरे लिए,
कभी सोने कभी चाँदी के क़लम आते हैं।

मैंने दो-चार किताबें तो पढ़ी हैं लेकिन,
शहर के तौर-तरीक़े मुझे कम आते हैं।

ख़ुबसूरत-सा कोई हादिसा आँखों में लिये,
घर की दहलीज़ पे डरते हुए हम आते हैं।

चमक रही है परों में, उड़ान की ख़ुशबू,
बुला रही है बहुत आसमान की ख़ुशबू।

अजब वकार था, सूखे सुनहरे बालों में,
उदासियों की चमक, ज़र्द लान की ख़ुशबू।

वो इत्रदान-सा लहजा मेरे बुज़ुर्गों का,
रची-बसी हुई उर्दू ज़बान की ख़ुशबू।

इमारतों की बुलन्दी ये कोई मौसम क्या,
कहाँ से आ गई कच्चे मकान की ख़ुशबू।

गुलों पे लिखती हुई, लाइलाहा इल्लल्ला,
पहाड़ियों से उतरती, अज़ान की ख़ुशबू।

सुना के कोई कहानी हमें सुलाती थी,
दुआओं जैसी बड़े पानदान की ख़ुशबू।

भटक रही है पुरानी दुलाइयाँ ओढ़े,
हवेलियों में मेरे खानदान की ख़ुशबू।

ख़ुदा का शुक्र है मेरे जवान बेटे के,
बदन से आने लगी ज़ाफ़रान की ख़ुशबू।

वो चाँदनी का बदन ख़ुशबुओं का साया है,
बहुत अज़ीज़ हमें है मगर पराया है।

उतर भी आओ कभी आसमाँ के ज़ीनों से,
तुम्हें ख़ुदा ने हमारे लिए बनाया है।

उसे किसी की मोहब्बत का एतबार नहीं,
उसे ज़माने ने शायद बहुत सताया है।

महक रही है ज़मीं चाँदनी के फूलों से,
ख़ुदा किसी की मोहब्बत पे मुस्कराया है।

कहाँ से आई ये ख़ुशबू ये घर की ख़ुशबू है,
इस अजनबी के अँधेरे में कौन आया है।

तमाम उम्र मिरा दम इसी धुएँ में घुटा,
वो इक चराग़ था मैंने उसे बुझाया है।

अच्छा तुम्हारे शहर का दस्तूर हो गया,
जिसको गले लगाया वही दूर हो गया।

काग़ज़ में दब के मर गये कीड़े किताब के,
दीवाना बेपढ़े-लिखे मशहूर हो गया।

तन्हाइयों ने तोड़ दी, हम दोनों की अना,
आईना बात करने पे मजबूर हो गया।

सुबह विसाल पूछ रही है अजब सवाल,
वो पास आ गया के बहुत दूर हो गया।

कुछ फल ज़रूर आयेंगे रोटी के पेड़ में,
जिस दिन मेरा मतालबा मंजूर हो गया।

अब किसे चाहें, किसे ढूँढ़ा करें,
वो भी आख़िर मिल गया अब क्या करें।

हल्की-हल्की बारिशें होती रहें,
हम भी फूलों की तरह भीगा करें।

आँख मूँदे उस गुलाबी धूप में,
देर तक बैठे उसे सोचा करें।

दिल, मोहब्बत, दीन, दुनिया, शायरी,
हर दरीचे से तुझे देखा करें।

घर नया, बर्तन नये, कपड़े नये,
इन पुराने काग़ज़ों का क्या करें।

कोई चिराग़ नहीं है मगर उजाला है,
ग़ज़ल की शाख़ पे इक फूल खिलने वाला है।

गज़ब की धूप है इक बेलिवास पत्थर पर,
पहाड़ पर तेरी बरसात का दुशाला है।

अजीब लहजा है दुश्मन की मुस्कराहट का,
कभी गिराया है मुझको कभी सँभाला है।

निकल के पास की मस्जिद से एक बच्चे ने,
फ़साद में जली मूरत पे हार डाला है।

तमाम वादियो में सेहरा में आग रोशन है,
मुझे ख़िज़ाँ के इन्हीं मौसमों ने पाला है।

उदासी आसमाँ है दिल मेरा कितना अकेला है,
परिन्दा शाम के पुल पर बहुत ख़ामोश बैठा है।

मैं जब सो जाऊँ इन आँखों पे अपने होंठ रख देना,
यक़ीं आ जायेगा पलकों तले भी दिल धड़कता है।

तुम्हारे शहर के सारे दिये तो सो गये लेकिन,
हवा से पूछना दहलीज़ पे ये कौन जलता है।

अगर फ़ुरसत मिले पानी की तहरीरों को पढ़ लेना,
हर इक दरिया हज़ारों साल का अफ़साना लिखता है।

कभी मैं अपने हाथों की लकीरों से नहीं उलझा,
मुझे मालूम है क़िस्मत का लिक्खा भी बदलता है।

समन्दर पार करके जब मैं आया देखता क्या हूँ,
हमारों दो घरों के बीच सन्नाटे का सेहरा है।

मकाँ से क्या मुझे लेना मकाँ तुमको मुबारक हो,
मगर ये घास वाला रेशमी कालीन मेरा है।

उदासी का ये पत्थर आँसुओं से नम नहीं होता,
हज़ारों जुगनुओं से भी अँधेरा कम नहीं होता।

कभी बरसात में शादाब बेलें सूख जाती हैं,
हरे पेड़ों के गिरने का कोई मौसम नहीं होता।

बहुत-से लोग दिल को इस तरह महफ़ूज़ रखते हैं,
कोई बारिश हो ये काग़ज़ ज़रा भी नम नहीं होता।

बिछुड़ते वक़्त कोई बदगुमानी दिल में आ जाती,
उसे भी ग़म नहीं होता मुझे भी ग़म नहीं होता।

ये आँसू हैं इन्हें फूलों में शबनम की तरह रखना,
ग़ज़ल एहसास है, एहसास का मातम नहीं होता।

दालानों की धूप छतों की शाम कहाँ,
घर के बाहर घर जैसा आराम कहाँ।

बाज़ारों की चहल-पहल से रौशन है,
इन आँखों में मन्दिर जैसी शाम कहाँ।

मैं उसको पहचान नहीं पाया तो क्या,
याद उसे भी आया मेरा नाम कहाँ।

दिन-भर सूरज किसका पीछा करता है,
रोज़ पहाड़ी पर जाती है शाम कहाँ।

लोगों को सूरज का धोखा होता है,
आँसू बनकर चमका मेरा नाम कहाँ।

चन्दा के बस्ते में सूखी रोटी हैं,
काजू, किशमिश, पिस्ते और बादाम कहाँ।

होठों पे मोहब्बत के फ़साने नहीं आते,
साहिल पे समन्दर के ख़ज़ाने नहीं आते।

पलकें भी चमक उठती हैं सोते में हमारी,
आँखों को अभी ख़्वाब छुपाने नहीं आते।

दिल उजड़ी हुई एक सराय की तरह है,
अब लोग यहाँ रात बिताने नहीं आते।

उड़ने दो परिन्दों को अभी शोख़ हवा में,
फिर लौट के बचपन के ज़माने नहीं आते।

क्या सोचकर आये हो मोहब्बत की गली में,
जब नाज़ हसीनों के उठाने नहीं आते।

अहबाब* भी ग़ैरों की अदा सीख गये हैं,
आते हैं मगर दिल को दुखाने नहीं आते।

---

* दोस्त

सर से चादर, बदन से कबा ले गई,
ज़िन्दगी हम फ़क़ीरों से क्या ले गई।

मेरी मुट्ठी में सूखे हुए फूल हैं,
ख़ुशबुओं को उड़ाकर हवा ले गई।

मैं समन्दर के सीने में चट्टान था,
रात इक मौज आई, बहा ले गई।

चाँद ने रात मुझको जगाकर कहा,
एक लड़की तुम्हारा पता ले गई।

मेरी शोहरत सियासत से महफ़ूज़ है,
ये तवायफ भी अस्मत बचा ले गई।

प्यार की नयी दस्तक, दिल पे फिर सुनाई दी,
चाँद-सी कोई सूरत, ख़्वाब में दिखाई दी।

किसने मेरी पलकों पर, तितलियों के पर रक्खे,
आज अपनी आहट भी, देर तक सुनाई दी।

हम ग़रीब लोगों के, आज भी वो ही दिन हैं,
पहले क्या असीरी[1] थी, आज क्या रिहाई दी।

बारिशों के चेहरे पर, आँसुओं से लिखना है,
कुछ न कोई पढ़ पाये, ऐसी रोशनाई[2] दी।

ये तुनकमिज़ाजी तो, ख़ैर उसकी आदत है,
वर्ना उसने चाहत दी, हमको इन्तिहाई दी।

ये तनाव क़ुदरत ने, दो दिलों में क्यों रक्खा,
मुझको कजकलाही[3] दी, उसको कजअदाई[4] दी।

---

1. क़ैद 2. सियाही 3. स्वभाव में टेढ़ापन 4 तिरछी अदा

उनको आईना बनाया, धूप का चेहरा मुझे,
रास्ता फूलों का सबको, आग का दरिया मुझे।

चाँद चेहरा, जुल्फ दरिया, बात ख़ुशबू, दिल चमन,
इक तुम्हें देकर ख़ुदा ने, दे दिया क्या-क्या मुझे।

जिस तरह वापस कोई ले जाये अपनी छुट्टियाँ,
जाने वाला इस तरह से कर गया तन्हा मुझे।

तुमने देखा है किसी मीरा को मन्दिर में कभी,
एक दिन उसने ख़ुदा से इस तरह माँगा मुझे।

मेरी मुट्ठी में सुलगती रेत रखकर चल दिया,
कितनी आवाज़ें दिया करता था ये दरिया मुझे।

उदास आँखों से आँसू नहीं निकलते हैं,
ये मोतियों की तरह सीपियों में पलते हैं।

घने धुएँ में फरिश्ते भी आँख मलते हैं,
तमाम रात खजूरों के पेड़ जलते हैं।

मैं शाहराह नहीं रास्ते का पत्थर हूँ,
यहाँ सवार भी पैदल उतर के चलते हैं।

उन्हें कभी न बताना मैं उनकी आँखों में,
वो लोग फूल समझकर मुझे मसलते हैं।

कई सितारों को मैं जानता हूँ बचपन से,
कहीं भी जाऊँ मिरे साथ-साथ चलते हैं।

ये एक पेड़ है आ इससे मिलके रो लें हम,
यहाँ से तेरे-मिरे रास्ते बदलते हैं।

कोई फूल धूप की पत्तियों में हरें रिबन से बँधा हुआ,
वो ग़ज़ल का लहजा नया-नया, न कहा हुआ न सुना हुआ।

जिसे ले गई है अभी हवा, वो वरक़ था दिल की किताब का,
कहीं आँसुओं से मिटा हुआ, कहीं आँसुओं से लिखा हुआ।

कई मील रेत को काटकर, कोई मौज फूल खिला गई,
कोई पेड़ प्यास से मर रहा है, नदी के पास खड़ा हुआ।

मुझे हादिसों ने सजा-सजा के बहुत हसीन बना दिया,
मेरा दिल भी जैसे दुल्हन का हाथ हो मेहँदियों से रचा हुआ।

वो ही शहर है वो ही रास्ते, वो ही घर है और वो ही लान भी,
मगर इस दरीचे से पूछना, वो दरख़्त अनार का क्या हुआ।

वो ही ख़त कि जिस पे जगह-जगह, दो महकते होठों के चाँद थे
किसी भूले-बिसरे से ताक़ पर तहे गर्द होगा दबा हुआ।

सोये कहाँ थे आँखों ने, तकिये भिगोये थे,
हम भी कभी किसी के लिए ख़ूब रोये थे।

अँगनाई में खड़े हुए, बेरी के पेड़ से,
वो लोग चलते वक़्त गले मिल के रोये थे।

हर साल ज़र्द[1] फूलों का, इक क़ाफ़िला रुका,
उसने जहाँ पे धूल अटे पाँव धोये थे।

आँखों की कश्तियों में सफ़र कर रहे हैं वो,
जिन दोस्तों ने दिल के सफ़ीने[2] डुबोये थे।

कल रात मैं था, मेरे अलावा कोई न था,
शैतान मर गया था फरिश्ते भी सोये थे।

---

1. पीले 2. नावें, कश्तियां

सर से पा तक, वो गुलाबों का शजर[1] लगता है,
बावज़ू[2] हो के भी छूते हुए डर लगता है।

मैं तिरे साथ सितारों से गुज़र सकता हूँ,
कितना आसान मोहब्बत का सफ़र लगता है।

मुझमें रहता है कोई, दुश्मने-जानी मेरा,
ख़ुद से तन्हाई में मिलते हुए डर लगता है।

बुत भी रक्खे हैं, नमाज़ें भी अदा होती हैं,
दिल मिरा दिल नहीं, अल्लाह का घर लगता है।

ज़िन्दगी तूने मुझे क़ब्र से कम दी है ज़मीन,
पाँव फैलाऊँ तो दीवार से सर लगता है।

---

1. वृक्ष, पेड़ 2. नमाज़ के लिए मुँह-हाथ धोना

क़ौन आया रास्ते, आईना खाने हो गये,
रात रौशन हो गई है, दिन भी सुहाने हो गये।

क्यों हवेली के उजड़ने का मुझे अफ़सोस हो,
सैकड़ों बेघर परिन्दों के ठिकाने हो गये।

जाओ इन कमरों के आईने उठाकर फेंक दो,
बेअदब ये कह रहे हैं, हम पुराने हो गये।

ये भी मुमकिन है के मैंने उसको पहचाना न हो,
अब उसे देखे हुए, कितने ज़माने हो गये।

मेरी पलकों पर ये आँसू, प्यार की तौहीन थे,
उसकी आँखों से गिरे, मोती के दाने हो गये।

अज्मतें सब तिरी ख़ुदाई की,
हैसियत क्या मिरी इकाई की।

मेरे होठों के फूल सूख गये,
तुमने क्या मुझसे बेवफ़ाई की।

सब मिरे हाथ-पाँव लफ़्जों के,[2]
और आँखें भी रोशनाई[3] की।

मैं ही मुल्ज़िम हूँ, मैं ही मुन्सिफ़ हूँ,
कोई सूरत नहीं रिहाई की।

इक बरस ज़िन्दगी का बीत गया,
तह जमीं, एक और काई की।

अब तरसते रहो, ग़ज़ल के लिए,
तुमने लफ़्जों से बेवफ़ाई की।

---

1. महानताएँ 2. शब्दों के 3. सियाही

मैं ग़ज़ल कहूँ, मैं ग़ज़ल पढ़ूँ, मुझे दे तो हुस्ने-ख़याल दे,
तिरा ग़म ही है मेरी तर्बियत[1] मुझे दे तो रंजो-मलाल दे।

सभी चार दिन की हैं चाँदनी ये रियासतें, ये वज़ारतें,
मुझे उस फ़क़ीर की शान दे, के ज़माना जिसकी मिसाल दे।

मेरी सुब्हा तिरे सलाम से, मिरी शाम है तेरे नाम से,
तिरे दर को छोड़ के जाऊँगा, ये ख़याल दिल से निकाल दे।

मिरे सामने जो पहाड़ थे, सभी सर झुका के चले गये,
जिसे चाहे तू ये उरुज[2] दे, जिसे चाहे तू ये ज़वाल[3] दे।

बड़े शौक़ से इन्हीं पत्थरों को शिकम[4] से बाँध के सो रहूँ,
मुझे माले मुफ़्त हराम है, मुझे दे तो रिज़्क़े हलाल दे।

---

1. शिक्षण 2. उत्थान 3. पतन 4. पेट

याद किसी की चाँदनी बनकर, कोठे-कोठे छिटकी है,
याद किसी की धूप हुई है, ज़ीना-ज़ीना उतरी है।

रात की रानी सहने-चमन में, गेसू खोले सोती है,
रात-बिरात उधर मत जाना, इक नागिन भी रहती है।

तुमको क्या तुम ग़ज़लें कहकर, अपनी आग बुझा लोगे,
उसके जी से पूछो जो पत्थर की तरह चुप रहती है।

पत्थर लेकर गलियों-गलियों, लड़के पूछा करते हैं,
हर बस्ती में मुझसे आगे, शोहरत मिरी पहुँचती है।

मुद्दत से इक लड़की के रुख़्सार की धूप नहीं आई,
इसीलिए मेरे कमरे में, इतनी ठण्डक रहती है।

माटी की कच्ची गागर को क्या खोना, क्या पाना बाबा,
माटी को माटी है रहना, माटी में मिल जाना बाबा।

हम क्या जानें दीवारों से, कैसे धूप उतरती होगी,
रात रहे बाहर जाना है, रात गये घर आना बाबा।

जिस लकड़ी को अन्दर-अन्दर, दीमक बिल्कुल चाट चुकी हो,
उसको ऊपर से चमकाना, राख पे धूप जमाना बाबा।

प्यार की गहरी फुंकारों से, सारा बदन आकाश हुआ है,
दूध पिलाना, तन डसवाना, है दस्तूर पुराना बाबा।

इन ऊँचे शहरों में पैदल, सिर्फ़ दिहाती ही चलते हैं,
हमको बाजारों से इक दिन, काँधे पर ले जाना बाबा।

मेरे सीने पर वह सर रक्खे हुए सोता रहा,
जाने क्या थी बात मैं, जागा किया रोता रहा।

वादियों में गाह उतरा और कभी पर्वत चढ़ा,
बोझ-सा इक दिल पे रक्खा था जिसे ढोता रहा।

गाह पानी, गाह शबनम और कभी ख़ूनाब[1] से,
एक ही था दाग़ सीने में, जिसे धोता रहा।

इक हवा-ए-बेतकाँ[2] से, आख़िरश मुरझा गया,
जिन्दगी-भर जो मोहब्बत करके शजर[3] बोता रहा।

रोने वाले ने उठा रक्खा था घर, सर पर मगर,
उम्र-भर का जागने वाला, पड़ा रोता रहा।

रात की पलकों पे तारों की तरह जागा किया,
सुबह की आँखों में, शबनम की तरह रोता रहा।

रोशनी को रंग करके ले गये जिस रात लोग,
कोई साया मेरे कमरे में छिपा रोता रहा।

---

1. विशुद्ध ख़ून 2. कभी न थकने वाली हवा 3. वृक्ष

आँखों में रहा दिल में उतरकर नहीं देखा,
कश्ती के मुसाफ़िर ने समन्दर नहीं देखा।

बेवक़्त अगर जाऊँगा, सब चौंक पड़ेंगे,
इक उम्र हुई दिन में कभी घर नहीं देखा।

जिस दिन से चला हूँ मेरी मंज़िल पे नज़र है
आँखों ने कभी मील का पत्थर नहीं देखा।

ये फूल मुझे कोई विरासत में मिले हैं,
तुमने मेरा काँटों-भरा बिस्तर नहीं देखा।

पत्थर मुझे कहता है मेरा चाहने वाला,
मैं मोम हूँ उसने मुझे छूकर नहीं देखा।

—

सन्नाटा क्या चुपके-चुपके कहता है,
सारी दुनिया किसका रैन-बसेरा है।

आसमान के दोनों कोनों के आख़िर,
एक सितारा तेरा है, इक मेरा है।

अण्डा, मछली छूकर जिनको पाप लगे,
उनका पूरा हाथ लहू में डूबा है।

आहिस्ता, आहिस्ता दिल पर दस्तक दो,
धीरे-धीरे ये दरवाज़ा खुलता है।

सूरज के घर से उसके घर तक जाना,
कितना सीधा-सादा धूप का रस्ता है।

सारी रात लिहाफों में रोईं आँखें,
सब कहते थे रिश्ता-नाता झूठा है।

किसे ख़बर थी तुझे इस तरह सजाऊँगा,
ज़माना देखेगा, और मैं न देख पाऊँगा।

हयातों, मौत, फ़िराक़ों, विसाल[1] सब यकजा[2]
मैं एक रात में कितने दिये जलाऊँगा।

पला, बढ़ा हूँ अभी तक, इन्हीं अँधेरों में,
मैं तेज़ धूप से कैसे नज़र मिलाऊँगा।

मेरे मिज़ाज की ये मादराना फ़ितरत हैं,
सवेरे सारी अज़ीयत[3], मैं भूल जाऊँगा।

तुम एक पेड़ से वाबस्ता हो, मगर मैं तो,
हवा के साथ बहुत दूर-दूर जाऊँगा।

मिरा ये अहद हैं मैं, आज शाम होने तक,
जहाँ से रिज़्क़ लिखा है, वहीं से लाऊँगा।

---

1. मिलन और वियोग 2. एक जगह तकलीफ़ 3. तकलीफ़

शबनम हूँ सुर्ख़ फूल पे बिखरा हुआ हूँ मैं,
दिल मोम और धूप में बैठा हुआ हूँ मैं।

कुछ देर बाद राख मिलेगी तुम्हें यहाँ,
लौ बनके इस चराग़ से लिपटा हुआ हूँ मैं।

दो सख़्त खुश्क रोटियाँ कब से लिये हुए,
पानी के इन्तिज़ार, में बैठा हुआ हूँ मैं।

लादी उठा के घाट पे जाने लगे हिरन,
कैसे अजीब दौर में पैदा हुआ हूँ मैं।

नस-नस में फैल जाऊँगा बीमार रात की,
पलकों पे आज शाम से सिमटा हुआ हूँ मैं।

औराक़ में छिपाती थी, अक्सर वो तितलियाँ,
शायद किसी किताब में रक्खा हुआ हूँ मैं।

दुनिया है बेपनाह तो भरपूर ज़िन्दगी,
दो औरतों के बीच में लेटा हुआ मैं।

सुनो, पानी में किस की सदा है,
कोई दरिया की तह में रो रहा है।

सवेरे मेरी इन आँखों ने देखा,
ख़ुदा चारों तरफ़ बिखरा हुआ है।

समेटो और सीने में छुपा लो,
ये सन्नाटा बहुत फैला हुआ है।

पके गेहूँ की ख़ुशबू चीख़ती है,
बदन अपना सुनहरा हो चला है।

हक़ीक़त सुर्ख़ मछली जानती है,
समन्दर कैसा बूढ़ा देवता है।

हमारी शाख़ का नौ-ख़ेज़[1] पत्ता,
हवा के होंठ अक्सर चूमता है।

मुझे उन नीली आँखों ने बताया,
तुम्हारा नाम पानी पर लिखा है।

1. बिल्कुल नया

तारों के चिलमनों से कोई झाँकता भी हो,
इस कायनात में कोई मंज़र नया भी हो।

इतनी सियाह रात में किसको सदाएँ दूँ,
ऐसा चराग़ दे जो कभी बोलता भी हो।

दरवेश कोई आये तो आराम से रहे,
तेरे फ़क़ीर का घर इतना बड़ा भी हो।

सारे पहाड़ काट के मैं मिलने आऊँगा,
हाँ, मेरे इन्तिज़ार मे दरिया रुका भी हो।

रंगों की क्या बहार है पत्थर के बाग़ में,
लेकिन मेरी ज़मीं का इक हिस्सा भी हो।

उसके लिए तो मैंने यहाँ तक दुआएँ की,
मेरी तरह से कोई उसे चाहता भी हो।

आँसुओं से धुली ख़ुशी की तरह,
रिश्ते होते हैं शायरी की तरह।

जब कभी बादलों में घिरता है,
चाँद लगता है आदमी की तरह।

किसी रोज़न किसी दरीचे से,
सामने आओ रोशनी की तरह।

सब नज़र का फ़रेब है वर्ना,
कोई होता नहीं किसी की तरह।

ख़ूबसूरत, उदास, ख़ौफ़ज़दा,
वो भी है, बीसवीं सदी की तरह।

जानता हूँ कि एक दिन मुझको,
वक़्त बदलेगा डायरी की तरह।

नज़र से गुफ़्तगू, ख़ामोश लब, तुम्हारी तरह,
ग़ज़ल ने सीखे हैं अन्दाज़, सब तुम्हारी तरह।

जो प्यास तेज़ हो तो रेत भी है चादरे आब,
दिखाई दूर से देते हैं सब तुम्हारी तरह।

हवा की तरहा मैं बेताब हूँ के शाख़े-गुलाब,
लहकती है मिरी आहट पे अब तुम्हारी तरह।

मिशाले-वक़्त में तस्वीरे-सुब्हो-शाम हूँ अब,
मिरे वजूद पे छाई है शब तुम्हारी तरह।

सुनाते हैं मुझे ख़्वाबों की दास्ताँ अक्सर,
कहानियों के पुर असरार लब तुम्हारी तरह।

कोई हाथ नहीं ख़ाली है,
बाबा, ये नगरी कैसी है।

कोई किसी का दर्द न जाने,
सबको अपनी-अपनी पड़ी है।

उसका भी कुछ हक़ है आख़िर,
उसने मुझसे नफ़रत की है।

जैसे सदियाँ बीत चुकी हों,
फिर भी आधी रात अभी है।

कैसे कटेगी, तन्हा-तन्हा,
इतनी सारी उम्र पड़ी है।

हम दोनों की ख़ूब निभेगी,
मैं भी दुखी हूँ, वो भी दुखी है।

अब ग़म से क्या नाता तोड़ें,
ज़ालिम बचपन का साथी है।

कभी तो शाम ढले, अपने घर गये होते,
किसी की आँख में रहकर सँवर गये होते।

सिंगारदान में रहते हो, आईने की तरह,
किसी के हाथ से गिरकर बिखर गये होते।

ग़ज़ल ने बहते हुए फूल चुन लिये वर्ना,
ग़मों में डूब के हम लोग मर गये होते।

अजीब रात थी, कल तुम भी आकर लौट गये,
जब आ गये थे तो, पल-भर ठहर गये होते।

बहुत दिनों से है दिल अपना ख़ाली-ख़ाली-सा,
ख़ुशी नहीं तो उदासी से भर गये होते।

मैं उदास रस्ता हूँ शाम का, तिरी आहटों की तलाश है,
ये सितारे सब हैं बुझे-बुझे, मुझे जुगनुओं की तलाश है।

वो जो एक दरिया था आग का, सभी रास्तों से गुज़र गया,
तुम्हें कब से रेत के शहर में, नई बारिशों की तलाश है।

नये मौसमों की उड़ान को, अभी इसकी कोई ख़बर नहीं,
तिरे आस्माँ के जाल को, नये पंछियों की तलाश है।

मिरे दोस्तों ने सिखा दिया, मुझे अपनी जान से खेलना,
मिरी ज़िन्दगी तुझे क्या ख़बर, मुझे क़ातिलों की तलाश है।

तिरी-मेरी एक हैं मंज़िलें, वो ही जुस्तजू वो ही आरज़ू,
तुझे दोस्तों की तलाश है, मुझे दुश्मनों की तलाश है।

रेत भरी है इन आँखों में आँसू से तुम धो लेना,
कोई सूखा पेड़ मिले तो, उससे लिपट के रो लेना।

इसके बाद बहुत तन्हा हो, जैसे जंगल का रस्ता,
जो भी तुमसे प्यार से बोले, साथ उसी के हो लेना।

कुछ तो रेत की प्यास बुझाओ, जनम-जनम की प्यासी है,
साहिल पर चलने से पहले, अपने पाँव भिगो लेना।

मैंने दरिया से सीखी है, पानी की पर्दादारी,
ऊपर-ऊपर हँसते रहना, गहराई में रो लेना।

रोते क्यों हो दिलवालों की, क़िस्मत ऐसी होती है,
सारी रात यूँ ही जागोगे, दिन निकले तो सो लेना।

हमारे हाथों में इक शक्ल चाँद जैसी थी,
तुम्हें ये कैसे बतायें, वो रात कैसी थी।

महक रहे थे मिरे होंठ उसकी ख़ुशबू से,
अजीब आग थी बिल्कुल गुलाब जैसी थी।

उसी में सब थे, मिरी माँ-बहन भी बीवी भी,
समझ रहा था जिसे मैं वो ऐसी-वैसी थी।

तुम्हारे घर के सभी रास्तों को काट गई,
हमारे हाथ में कोई लकीर ऐसी थी।

वो दरूदों के सलामों के नगर याद आये,
नाते पढ़ते हुए क़स्बात के घर याद आये।

घर की मस्जिद में वो नूरानी अज़ाँ-से चेहरे,
ख़ानक़ाहों में दुआओं के शजर याद आये।

शाम के बाद कचहरी का थका सन्नाटा,
बेगुनाही को अदालत के हुनर याद आये।

मेरे सीने में साँस चुभा करती है,
जैसे मज़दूर को परदेश में घर याद आये।

कितने ख़त आये-गये, शाख़ पे फूलों की तरह,
आज दरिया में चराग़ों के सफ़र याद आये।

दूसरों को हमारी सज़ाएँ न दे,
चाँदनी रात को बद्दुआएँ न दे।

फूल से आशिक़ी का हुनर सीख ले,
तितलियाँ ख़ुद रुकेंगी सदाएँ न दे।

सब गुनाहों का इकरार करने लगे,
इस क़दर ख़ूबसूरत सज़ाएँ न दे।

मैं दरख़्तों की सफ़[1] का भिकारी नहीं,
बेवफ़ा मौसमों की कबाएँ[2] न दे।

मोतियों को छिपा, सीपियों की तरह,
बेवफ़ाओं को अपनी वफ़ाएँ न दे।

मैं बिखर जाऊँगा आँसुओं की तरह,
इस क़दर प्यार से बद्दुआएँ न दे।

---

1. पंक्ति 2. पोशाक

हमारा दिल सवेरे का सुनहरा जाम हो जाये,
चराग़ों की तरह आँखें जलें, जब शाम हो जाये।

मैं ख़ुद भी एहतियातन, उस गली से कम गुज़रता हूँ,
कोई मासूम क्यों मेरे लिए, बदनाम हो जाये।

अजब हालात थे यूँ दिल का सौदा हो गया आख़िर,
मोहब्बत की हवेली जिस तरह नीलाम हो जाये।

समन्दर के सफ़र में इस तरह आवाज़ दो हमको,
हवाएँ तेज़ हों और कश्तियों में शाम हो जाये।

मुझे मालूम है उसका ठिकाना फिर कहाँ होगा,
परिन्दा आस्माँ छूने में जब नाकाम हो जाये।

उजाले अपनी यादों के हमारे साथ रहने दो,
न जाने किस गली में ज़िन्दगी की शाम हो जाये।

उदास रात है कोई तो ख़्वाब दे जाओ,
मेरे गिलास में थोड़ी शराब दे जाओ।

बहुत-से और भी घर हैं ख़ुदा की बस्ती में,
फ़क़ीर कब से खड़ा है जवाब दे जाओ।

मैं ज़र्द पत्तों पे शबनम सजा के लाया हूँ,
किसी ने मुझसे कहा था हिसाब दे जाओ।

मेरी नज़र में रहे डूबने का मंज़र भी,
गुरुब* होता हुआ आफ़ताब दे जाओ।

फिर इसके बाद नज़रे-नज़र को तरसेंगे,
वो जा रहा है ख़िज़ाँ के गुलाब दे जाओ।

हज़ार सफ़ों का दीवान कौन पढ़ता है,
बशीर बद्र कोई इन्तखाब दे जाओ।

---

* डूबता हुआ

मेरे दिल की राख कुरेद मत इसे मुस्करा के हवा न दे,
ये चराग़ फिर भी चराग़ है कहीं तेरा हाथ जला न दे।

मैं उदासियाँ न सजा सकूँ कभी जिस्मे-जाँ के मज़ार पर,
न दिये जलें मिरी आँख में मुझे इतनी सख़्त सज़ा न दे।

नये दौर के नये ख़्वाब हैं नये मौसमों के गुलाब हैं,
ये मोहब्बतों के चराग़ हैं इन्हें नफ़रतों की हवा न दे।

ज़रा देख चाँद की पत्तियों ने बिखर-बिखर के तमाम शब,
तिरा नाम लिखा है रेत पर कोई लहर आ के मिटा न दे।

यहाँ लोग रहते हैं रात-दिन किसी मस्लहत* की नकाब में
ये तेरी निगाह की सादगी कहीं दिन के राज़ बता न दे।

मरे साथ चलने के शोक़ मे बड़ी धूप सर पे उठाएगा
तिरा नाक-नक्शा है मोम का, कहीं ग़म की आग घुला न दे।

---

* भेद

फूल बरसे कहीं शबनम कहीं गौहर* बरसे,
और इस दिल की तरफ़ बरसे तो पत्थर बरसे।

बारिशें छत पे खुली जगहों पे होती हैं मगर,
ग़म वो सावन है जो इन कमरों के अन्दर बरसे।

कोई बादल हों तो थम जायें मगर अश्क मिरे,
एक रफ़्तार से दिन-रात बराबर बरसे।

कौन कहता है कि रंगों के फरिश्ते उतरें,
कुछ भी बरसे मगर इस बार तो घर-घर बरसे।

हम-से मजबूर का गुस्सा भी अजब बादल है,
अपने ही दिल से उठे अपने ही दिल पर बरसे।

---

* मोती

ग़ज़ल को माँ की तरहा बाविकार करता हूँ,
मैं मामता के कटोरों में दूध भरता हूँ।

ये देख हिज्र तेरा कितना ख़ूबसूरत है,
अजीब मर्द हूँ, सोलह सिंगार करता हूँ।

बदन समेट के ले जाये जैसे शाम की धूप,
तुम्हारे शहर से मैं इस तरह गुज़रता हूँ।

तमाम दिन का सफ़र करके रोज़ शाम के बाद,
पहाड़ियों से घिरी क़ब्र में उतरता हूँ।

मुझे सुकून घने जंगलों में मिलता है,
मैं रास्तों से नहीं मंज़िलों से डरता हूँ।

निकल आये इधर जनाब कहाँ,
रात के वक़्त आफ़ताब कहाँ।

सब खिले हैं किसी के आरिज़ पर,
इस बरस बाग़ में गुलाब कहाँ।

मेरे होठों पे तेरी ख़ुशबू है,
छू सकेगी इन्हें शराब कहाँ।

मेरी आँखें किसी के आँसू हैं,
वरना इन पत्थरों में आब कहाँ।

गुलाबों की तरह दिल अपना शबनम में भिगोते हैं,
मोहब्बत करने वाले ख़ुबसूरत लोग होते हैं।

किसी ने जिस तरह अपने सितारों को सजाया है,
ग़ज़ल के रेशमी धागों में यों मोती पिरोते हैं।

पुराने मौसमों के नामे नामी मिटते जाते हैं,
कहीं पानी कहीं शबनम कहीं आँसू भिगोते हैं।

यही अन्दाज़ है मेरा समन्दर फ़तह करने का,
मेरी काग़ज़ की कश्ती में कई जुगनू भी होते हैं।

सुना है बद्र साहब महफ़िलों की जान होते थे,
बहुत दिन से वो पत्थर हैं, न हँसते हैं न रोते हैं।

जुगनू कोई सितारों की महफ़िल में खो गया,
इतना न कर मलाल, जो होना था हो गया!

परवरदिगार जानता है तू दिलों का हाल,
मैं जी न पाऊँगा जो उसे कुछ भी हो गया।

अब उसको देखकर नहीं धड़केगा मेरा दिल,
कहना के मुझको ये भी सबक याद हो गया।

बादल उठा था सबको रुलाने के वास्ते,
आँचल भिगो गया, कहीं दामन भिगो गया।

इक लड़की एक लड़के के काँधे पे सो गई,
मैं उजली धुँधली यादों के कोहरे में खो गया।

ख़्वाब इन आँखों का कोई चुराकर ले जाये,
क़ब्र के सूखे हुए फूल उठाकर ले जाये।

मुन्तज़िर फूल में ख़ुशबू की तरहा हूँ कब से,
कोई झोंके की तरह आये उड़ाकर ले जाये।

ये भी पानी है मगर आँखों का ऐसा पानी,
जो हथेली पे रची मेहँदी छुड़ाकर ले जाये।

मैं मोहब्बत से महकता हुआ ख़त हूँ मुझको,
ज़िन्दगी अपनी किताबों में छुपाकर ले जाये।

ख़ाक इन्साफ़ है इन अन्धे बुतों के आगे,
रात थाली में चराग़ों से सजाकर ले जाये।

उनसे ये कहना मैं पैदल नहीं आने वाला,
कोई बादल मुझे काँधे पे बिठाकर ले जाये।

सुबह का झरना, हमेशा हँसने वाली औरतें,
झुटपुटे की नद्दियाँ, ख़ामोश गहरी औरतें।

सन्तुलित कर देती हैं ये, सर्द मौसम का मिज़ाज,
बर्फ़ के टीलों पे चढ़ती, धूप-जैसी औरतें।

सब्ज़ नारंगी, सुनहरी, खट्टी-मीठी लड़कियाँ,
भारी जिस्मों वाली, टपके आम-जैसी औरतें।

सड़कों, बाज़ारों, मकानों, दफ़्तरों में रात दिन,
लाल-पीली, सब्ज़ नीली, जलती-बुझती औरतें।

शहर में एक बाग़ है और बाग़ में तालाब है,
तैरती हैं इसमें सातों रंग वाली औरतें।

इनके अन्दर पक रहा है वक़्त का ज्वालामुखी,
किन पहाड़ों को ढके हैं, बर्फ़-जैसी औरतें।

सैकड़ों ऐसी दुकानें हैं, जहाँ मिल जायेंगी,
धात की, पत्थर की, शीशे की, रबर की औरतें।

सब्ज़ सोने के पहाड़ों पर कतार अन्दर कतार,
सर से सर जोड़े खड़ी हैं लाँबी-लाँबी औरतें।

इक ग़ज़ल में सैकड़ों अफ़साने, नज़्में और गीत,
इस सराय में छुपी हैं कैसी-कैसी औरतें।

वाक़ई दोनों बहुत मज़्लूम हैं नक़्क़ाद और,
माँ कहे जाने की हसरत में सुलगती औरतें।

धूप आई है मुझको फैलाने,
शामियाना मिरा हवा ताने।

झूमते फूल माँगते हैं दुआ,
अब हवा आये, हमको बिखराने।

धूप के ऊँचे-नीचे रास्तों को,
एक कमरे का बल्ब क्या जाने।

हाथ को हाथ छू नहीं सकते,
उँगलियों का नसीब दस्ताने।

तेज़ पहियों की धूल में डूबे,
पेड़ थककर खड़े है सुस्ताने।

एक शेर

दुश्मनी जमकर करो लेकिन ये गुंजाइश रहे
जब कभी हम दोस्त हो जाएं तो शर्मिंदा न हों।

कहाँ आँसुओं की ये, सौगात होगी,
नये लोग होंगे, नयी बात होगी।

मैं हर हाल में मुस्कराता रहूँगा,
तुम्हारी मोहब्बत अगर साथ होगी।

चराग़ों को आँखों में महफ़ूज़ रखना,
बड़ी दूर तक रात ही रात होगी।

न तुम होश में हो, न हम होश में है,
चलो मयकदे में वहीं बात होगी।

जहाँ वादियों में नये फूल आयें,
हमारी-तुम्हारी मुलाक़ात होगी।

सदाओं को अल्फ़ाज़, मिलने न पायें,
न बादल घिरेंगे, न बरसात होगी।

मुसाफ़िर हैं हम भी मुसाफ़िर हो तुम भी,
किसी मोड़ पर फिर मुलाक़ात होगी।

बेवफ़ा रास्ते बदलते हैं,
हमसफ़र साथ-साथ चलते हैं।

किसके आँसू छिपे हैं फूलों में,
चूमता हूँ, तो होंठ जलते हैं।

उसकी आँखों को गौर से देखो,
मन्दिरों में चराग़ जलते हैं।

दिल में रहकर नज़र नहीं आते,
ऐसे काँटे कहाँ निकलते हैं।

एक दीवार वो भी शीशे की,
दो बदन पास-पास जलते हैं।

काँच के, मोतियों के, आँसू के,
सब खिलौने ग़ज़ल में ढलते हैं।

किसने मुझको सदा दी बता कौन है,
ऐ, हवा तेरे घर में छिपा कौन है।

बारिशों में किसी पेड़ को देखना,
शाल ओढ़े हुए भीगता कौन है।

ख़ुशबुओं में नहाई हुई शाख़ पर,
फूल-सा मुस्कराता हुआ कौन है।

मैं यहाँ धूप में तप रहा हूँ मगर,
वो पसीने में डूबा हुआ कौन है।

दिल को पत्थर हुए इक ज़माना हुआ,
इस मकाँ में मगर बोलता कौन है।

आसमानों को हमने बताया नहीं,
डूबती शाम में डूबता कौन है।

तुम भी मजबूर हो, हम भी मजबूर हैं,
बेवफ़ा कौन है, बावफ़ा कौन है।

बड़े ताजिरों की सताई हुई,
ये दुनिया दुल्हन है जलाई हुई।

भरी दोपहर का खिला फूल है,
पसीने में लड़की नहाई हुई।

किरन फूल की पत्तियों में दबी,
हँसी उसके होठों पे आई हुई।

वो चेहरा किताबी रहा सामने,
बड़ी ख़ूबसूरत पढ़ाई हुई।

ख़ुशी हम ग़रीबों की क्या है मियाँ,
मज़ारों पे चादर चढ़ाई हुई।

उदासी बिछी है बड़ी दूर तक,
बहारों की बेटी पराई हुई।

मेरी आँखों में ग़म की निशानी नहीं,
पत्थरों के प्यालों में पानी नहीं।

मैं तुझे भूलकर भी नहीं भूलता,
प्यार सोना है, सोने का पानी नहीं।

मेरी अपनी भी मजबूरियाँ है बहुत,
मैं समन्दर हूँ, पीने का पानी नहीं।

मेरा चेहरा लकीरों में तक़्सीम है,
आईनों से मुझे बदगुमानी नहीं।

शाम के बाद बच्चों से कैसे मिलूँ,
अब मिरे पास कोई कहानी नहीं।

मौसमों के लिफाफे बदलते रहे,
कोई तहरीर इतनी पुरानी नहीं।

कोई आसेब है इस हसीं शहर पर,
शाम रौशन है लेकिन सुहानी नहीं।

हम–से मुसाफ़िरों का सफ़र इन्तिज़ार है,
सब खिड़कियों के सामने लम्बी कतार है।

बाँसों के जंगलों में वो ही तेज़ बू मिली,
जिनका हमारी बस्तियों में कारोबार है।

गुब्बारा फट रहा है, हवाओं के ज़ोर से,
दुनिया को अपनी मौत का अब इन्तिज़ार है।

किस रोशनी के शहर से गुज़रे हैं तेज़ रौं,
नीले समन्दरों पे सुनहरा गुबार है।

आई निदा वो उड़ते सितारे इधर मुझे,
इन बदलियों के पीछे, कोई कोहसार है।

ख़ुशबू को तितलियों के परों में छिपाऊँगा,
फिर नीले-नीले बादलों में लौट जाऊँगा।

सोने के फूल-पत्ते गिरेंगे, ज़मीन पर,
मैं ज़र्द-ज़र्द शाखों पे जब गुनगुनाऊँगा।

घुल जायेंगी बदन पे जमी धूप की तहें,
अपने लुहू में आज मैं ऐसा नहाऊँगा।

इक पल की ज़िन्दगी मुझे बेहद अज़ीज़ है,
पलकों में झिलमिलाऊँगा और टूट जाऊँगा।

ये रात फिर न आयेगी, बादल बरसने दे,
मैं जानता हूँ सुबह तुझे भूल जाऊँगा।

जब रात के सुपुर्द मुझे करने आओगे,
रूमाल रोशनी का हवा में उड़ाऊँगा।

आँगन में नन्हें, नन्हें, फरिश्ते लड़ेंगे जब,
भूरी शफ़ीक आँखों में, मैं मुस्कराऊँगा।

अगर यक़ीं नहीं आता, तो आजमाये मुझे,
वो आईना है तो फिर, आईना दिखाये मुझे।

अजब चराग़ हूँ दिन-रात जलता रहता हूँ,
मैं थक गया हूँ, हवा से कहो बुझाये मुझे।

मैं जिसकी आँख का आँसू था, उसने क़द्र न की,
बिखर गया हूँ तो अब, रेत से उठाये मुझे।

बहुत दिनों से मैं इन पत्थरों में पत्थर हूँ,
कोई तो आये ज़रा देर को रुलाये मुझे।

मैं चाहता हूँ के तुम ही मुझे इजाज़त दो,
तुम्हारी तरहा से कोई गले लगाये मुझे।

सुनसान रास्तों से सवारी न आयेगी,
अब धूल से अटी हुई लारी न आयेगी।

छप्पर के चायख़ाने भी अब ऊँघने लगे,
पैदल चलो के कोई सवारी न आयेगी।

तहरीरो गुफ़्तगू में किसे ढूँढ़ते हैं लोग,
तस्वीर में भी शक्ल हमारी न आयेगी।

सर पर ज़मीन लेके हवाओं के साथ जा,
आहिस्ता चलने वाले की बारी न आयेगी।

पहचान हमने अपनी मिटाई है इस तरह,
बच्चों में कोई बात हमारी न आयेगी।

ख़ाक जब ख़ाकसार लगती है,
किस क़दर बावकार लगती है।

ख़ून पानी बना के पीती है,
धूप, सरमायादार लगती हे।

सब्र कर, सब्र करने वालों की,
बेबसी शानदार लगती है।

अब बुझा दो हमारी आँखें भी,
रोशनी नागवार लगती है।

आजकल मेरे पाँव के नीचे,
कोई शय जानदार लगती है।

सिर्फ़ अख़बार पढ़ने वालों को,
ज़िन्दगी इश्तिहार लगती है।

बेख़बर कुर्सियाँ आँख मलती रहीं,
बस्तियाँ बेगुनाहों की जलती रहीं।

आदमीयत, मोहब्बत शराफ़त, वफ़ा,
नागिनें आस्तीनों में पलती रहीं।

दो बदन जितने नज़दीक होते गये,
कुर्बतें*, फ़ासलों में बदलती रहीं।

जब मिरी ज़िन्दगी में अँधेरा हुआ,
मेरे चारों तरफ़ शम्मे जलती रहीं।

ज़हर पानी बना मछलियों के लिए,
पंछियों को हवाएँ मसलती रहीं।

ज़िन्दगी तेरी नाज़ुक बदन लड़कियाँ,
आग की शाहराहों पे चलती रहीं।

---

* सामीप्य

वो फूल तेरे होठों के छूने से जो खिला,
वो फूल, और जून की आतिश[1]-भरी हवा।

नेज़ों[2] ने मुझको जैसे ज़मीं से उठा लिया,
मैं तेरे नर्म सीने से जिस दम जुदा हुआ।

जैसे के सारे शहर की बिजली चली गई,
आँखें खुली-खुली थीं, मगर सूझता न था।

तस्वीर मेरी पर्द-ए-तख़्लीक़[3] बन गई,
चिड़िया ने उसकी आड़ में इक घर बसा लिया।

बातें के जैसे पानी में जलते हुए दिये,
कमरे में नर्म-नर्म, उजाला-सा भर गया।

सन्नाटे आये दरजों में झाँका चले गये,
गर्मी की छुट्टियाँ थीं वहाँ कोई भी न था।

---

1. आग 2. भाले 3. सृजन का पर्दा

सब्ज़ पत्ते धूप की ये आग जब पी जायेंगे,
उजले फर के कोट पहने, हल्के जाड़े आयेंगे।

गीले-गीले, मन्दिरों में बाल खोले देवियाँ,
सोचती हैं उनके सूरज देवता कब आयेंगे।

सुर्ख़ नीले चाँद-तारे, दौड़ते हैं बर्फ़ पर,
कल हमारी तरहा ये भी धुन्ध में खो जायेंगे।

दिन में दफ़्तर का क़लम, मिल की मशीनें सब हैं हम,
रात आयेगी तो पलकों पे सितारे आयेंगे।

दिल के इन बाग़ी फ़रिश्तों को सड़क पर जाने दो,
बच गये तो शाम तक, घर लौटकर आ जायेंगे।

अब है टूटा-सा दिल, ख़ुद से बेज़ार-सा,
इस हवेली में लगता था दरबार-सा।

इस तरह साथ निभना है दुश्वार-सा,
मैं भी तलवार-सा, तू भी तलवार-सा।

ख़ूबसूरत-सी पाँवों में ज़ंजीर हो,
घर में बैठा रहूँ मैं गिरफ़्तार-सा।

शाम तक कितने हाथों से गुज़रूँगा मैं,
चायख़ानों में उर्दू के अख़बार-सा।

मैं फ़रिश्तों की सोहबत के लायक़ नहीं,
हमसफ़र कोई होता गुनहगार-सा।

बात क्या है के मशहूर लोगों के घर,
मौत का सोग होता है, तैहवार-सा।

ज़ीना-ज़ीना उतरता हुआ आईना,
उसका लहज़ा अनोखा खनकदार-सा।

अब तेरे–मेरे बीच कोई फ़ासला भी हो,
हम लोग जब मिले, तो कोई दूसरा भी हो।

तू जानता नहीं, मेरी चाहत अजीब है,
मुझको मना रहा है, कभी ख़ुद ख़फ़ा भी हो।

तू बेवफ़ा नहीं हैं, मगर बेवफ़ाई कर,
उसकी नज़र में रहने का कुछ सिलसिला भी हो।

पतझड़ के टूटते हुए पत्तों के साथ–साथ,
मौसम कभी तो बदलेगा, ये आसरा भी हो।

चुपचाप उसको बैठ के देखूँ तमाम रात,
जागा हुआ भी हो, कोई सोया हुआ भी हो।

उसके लिए तो मैंनि, यहाँ तक दुआएँ कीं,
मेरी तरह से कोई उसे चाहता भी हो।

इतरी सियाह रात में किसको सदाएँ दूँ,
ऐसा चिराग़ दे जो कभी बोलता भी हो।

ज़मीं से आँच, ज़मीं तोड़कर निकलती है,
अजीब तिश्नगी[1], इन बादलों से बरसी है।

मेरी निगाह, मुख़ातिब[2] से बात करते हुए,
तमाम जिस्म के कपड़े उतार लेती है।

सरों पे धूप की गठरी उठाये फिरते हैं,
दिलों में जिनके बड़ी सर्द रात होती है।

खड़े-खड़े मैं सफ़र कर रहा हूँ बरसों से,
ज़मीन पाँव के नीचे कहाँ ठहरती है।

बिखर रही है मेरी रात उसके शानों पर[3],
किसी की सुबह मेरे बाजुओं में सोती है।

हवा के आँख नहीं, हाथ और पाँव नहीं,
इसीलिए वो सभी रास्तों पे चलती है।

1. प्यास 2. सम्बोधित 3. काँधों पर

सुरमा, मिस्सी, कंघी, चोटी भूली है,
सूखे पत्तों पर जो मैना बैठी है।

कुहरे के लरज़ीदा हाथों में अक्सर,
तुलसी और अदरक की चाय छलकती है।

वो जो रंग चमकता है उस टहनी पर,
हाथ आये तो फूल, नहीं तो तितली है।

अपने ही मिर्चें, पोदीने सूख गये,
वर्ना दुनिया, माश की दाल तो अब भी है।

इस सुनसान-सी शाम में, ऊँचे टीले पर,
ज़ुल्फ़ें खोले वो लड़की क्यों बैठी है।

शावर के नीचे घुलती जाती है शाम,
मेरी आँखों पर एक टावल लिपटी है।

ऐब पुराने घर का ये ही है बाबा,
कोई आये न आये घण्टी बजती है।

तीन समन्दर दो सेहरा उसके आगे,
नागिन जैसी एक लकीर चमकती है।

चल मुसाफ़िर बत्तियाँ जलने लगीं,
आसमानी घण्टियाँ बजने लगीं।

दिन के सारे कपड़े ढीले हो गये,
रात की सब चोलियाँ कसने लगीं।

डूब जायेंगे सभी दरिया, पहाड़,
चाँदनी की नद्दियाँ चढ़ने लगीं।

जामुनों के बाग़ पर छाई घटा,
ऊदी, ऊदी लड़कियाँ हँसने लगीं।

रात की तन्हाइयों को सोचकर,
चाय की दो प्यालियाँ हँसने लगीं।

दौड़ते हैं फूल बस्तों को दबाये,
पाँवों-पाँवों तितलियाँ चलने लगीं।

अपनी उदास धूप तो घर-घर चली गई,
ये रोशनी लकीर के बाहर चली गई।

नीला-सफ़ेद कोट ज़मीं पर बिछा दिया,
फिर मुझको आसमान पे लेकर चली गई।

कब तक झुलसती रेत पे चलती तुम्हारे साथ,
दरिया की मौज, दरिया के अन्दर चली गई।

हम लोग ऊँचे पोल के नीचे खड़े रहे,
उल्टा था बल्ब रोशनी उपर चली गई।

लहरों ने घेर रक्खा था, सारे मकान को,
मछली किधर से कमरे के अन्दर चली गई।

ये कसक दिल की दिल में चुभी रह गई,
ज़िन्दगी में तुम्हारी कमी रह गई।

एक मैं एक तुम एक दीवार थी,
ज़िन्दगी आधी-आधी बँटी रह गई।

रात की भीगी-भीगी छतों की तरह,
मेरी पलकों पे थोड़ी नमी रह गई।

मैंने रोका नहीं वो चला भी गया,
बेबसी दूर तक देखती रह गई।

मेरे घर की तरफ़ धूप की पीठ थी,
आते-आते इधर चाँदनी रह गई।

यहाँ सूरज हँसेंगे आँसुओं को कौन देखेगा,
चमकती धूप होगी जुगनुओं को कौन देखेगा।

फ़लों की बागवानी में तो बारिश की दुआ होगी,
गुज़रते ख़ूबसूरत बादलों को कौन देखेगा।

अगर हम साहिलों पे डोर काँटे ले के बैठेंगे,
तो मौजों में चमकती तितलियों को कौन देखेगा।

है सरदी वाक़ई लेकिन घने कोहरे के बादल में,
पहाड़ों से उतरती इन बसों को कौन देखेगा।

बहुत अच्छा-सा कोई सूट पहनो इस ग़रीबी में,
उजालों में छिपी इन बदलियों को कौन देखेगा।

अभी अपने इशारे पर हमें चलना नहीं आया,
सड़क की लाल-पीली बत्तियों को कौन देखेगा।

चरवाहा भेड़ों को लेकर घर-घर आया रात हुई,
तू पंछी दिल तेरा पिंजरा पिंजरे में जा रात हुई।

कोई हमें हाथों में उठाकर बिस्तर में रख देता है,
दुनिया वाले ये कहते हैं सूरज डूबा रात हुई।

शहर मकान दुकानों वाले सब पर्दे किरणों ने लपेटे,
ख़त्म हुआ सब खेल-तमाशा जा अब घर जा रात हुई।

सुर्ख़ सुनहरा साफा बाँधे शहज़ादा घोड़े से उतरा,
काले गार से कम्बल ओढ़े जोगी निकला रात हुई।

किसकी ख़ातिर धूप के गजरे इन शाख़ों ने पहने थे,
जंगल-जंगल रोये मीरा कोई न आया रात हुई।

मुस्कराती हुई धनक है वही,
उस बदन में चमक-दमक है वही।

अब भी चेहरा चराग़ लगता है,
बुझ गया है मगर चमक है वही।

वो सरापा दिये की लौ जैसा,
मैं हवा हूँ उधर लपक है वही।

कोई शीशा ज़रूर टूटा है,
गुनगुनाती हुई खनक है वही।

प्यार किसका मिला है मिट्टी में,
इस चमेली तले महक है वही।

रात के साथ रात लेटी थी,
सुबह एक पालने में रोती थी।

याद की बर्फ़पोश टहनी पर,
एक गिलहरी उदास बैठी थी।

मैं ये समझा के लौट आये तुम,
धूप कल इतनी उजली-उजली थी।

कितने शादाब कितने दिलकश थे,
जब नदी रोज़ हमसे मिलती थी।

एक कुर्ते के बायें कोने पर,
प्यार की सुर्ख़ तितली बैठी थी।

कितनी हल्की क़मीज़ पहने हुए,
सुबह अँगड़ाई लेके उठी थी।

हँसी मासूम-सी बच्चों की कापी में इबारत-सी,
हिरन की पीठ पर बैठे परिन्दे की शरारत-सी।

वो जैसे सर्दियों में गर्म कपड़े दें फ़क़ीरों को,
लबों पर मुस्कराहट थी मगर कैसी हिकारत-सी।

उदासी पतझड़ों की शाम ओढ़े रास्ता तकती,
पहाड़ी पर हज़ारों साल की कोई इमारत-सी।

मेरे होठों मेरी आँखों पे ये कैसी तमाज़त है,
कबूतर के परों की रेशमी उजली हरारत-सी।

खिला दे फूल मेरे बाग़ में पैग़म्बरों जैसा,
लिखी हो जिसकी पेशानी पे इक आयत बशारत-सी।

लोबान में चिंगारी जैसे कोई रख जाये,
यूँ याद तेरी शब-भर सीने में सुलगती है।

ख़ुशरंग परिन्दों के लौट आने के दिन आये,
बिछड़े हुए मिलते हैं जब बर्फ़ पिघलती है।

यूँ प्यार नहीं छिपता पलकों के झुकाने से,
आँखों के लिफ़ाफ़ों में तहरीर चमकती है।

शोहरत की बुलन्दी भी पल-भर का तमाशा है,
जिस डाल पे बैठे हो वो टूट भी सकती है।

मैकदा रात ग़म का घर निकला,
दिल हथेली तले खँडहर निकला।

मैं उसे ढूँढ़ता था आँखों में,
फूल बनकर वो शाख़ पर निकला।

किसके साये में सर छुपाओगे,
वो शजर धूप का शजर निकला।

उसका आँचल भी कोई बादल था,
वो हवाओं का हमसफ़र निकला।

कोई काग़ज़ न था लिफ़ाफ़े में,
सिर्फ़ तितली का एक पर निकला।

जब से जाना कि वो बहादुर है,
दिल से कुछ दुश्मनों का डर निकला।

ज़िन्दगी एक फ़क़ीर की चादर है,
जब ढके पाँव अपना सर निकला।

दिल छलक उट्ठा, आँख भर आई,
आज टी.वी. पर वो ख़बर आई।

इन मसाइल में तेरी याद भी क्या,
जैसे तितली पहाड़ पर आई।

अपनी माँ की तरह उदास उदास,
बेटी शादी के बाद घर आई।

अब तो मैं भी नज़र नहीं आता,
या ख़ुदा कौन-सी डगर आई।

तुमने जो कुछ किया शराफ़त में,
वो निदामत भी मेरे सर आई।

दिखला के यही मंज़र बादल चला जाता है,
पानी से मकानों पे कैसे लिखा जाता है।

उस मोड़ पे हम दोनों कुछ देर बहुत रोये,
जिस मोड़ से दुनिया को एक रास्ता जाता है।

दोनों से चलो पूछें उसको कहीं देखा है,
इक क़ाफ़ला आता है इक क़ाफ़ला जाता है।

दुनिया में कहीं इनकी तालीम नहीं होती,
दो-चार किताबों को घर में पढ़ा जाता है।

मुझसे बिछुड़ के ख़ुश रहते हो,
मेरी तरह तुम भी झूठे हो।

उजले-उजले फूल खिले थे,
बिल्कुल जैसे तुम हँसते हो।

मुझको शाम बता देती है,
तुम कैसे कपड़े पहने हो।

दिल का हाल पढ़ा चेहरे से,
साहिल से लहरें गिनते हो।

तुम तन्हा दुनिया से लड़ोगे,
बच्चों-सी बातें करते हो।

नारियल के दरख़्तों की पागल हवा खुल गये बादबां लौट जा लौट जा,
साँवली सर ज़मीं पर मैं अगले बरस फूल खिलने से पहले ही आ जाऊँगा।

गर्म कपड़ों का सन्दूक़ मत खोलना वरना यादों की काफ़ूर जैसी महक,
ख़ून में आग बनकर उतर जायेगी सुबह तक यह मकां ख़ाक हो जायेगा।

लान में एक भी बेल ऐसी नहीं जो देहाती परिन्दे के पर बाँध ले,
जंगली आम की जानलेवा महक जब बुलायेगी वापस च॰ ॰ जायेगा।

मेरे बचपन के मन्दिर की वह मूर्ति धूप के आसमाँ पर खड़ी थी मगर,
एक दिन जब मेरा क़द मुकम्मल हुआ उसका सारा बदन बर्फ़ में धँस गया।

अनगिनत काले काले परिन्दों के पर टूटकर ज़र्द पानी को ढकने लगे,
फ़ाख़्ता धूप के पुल पे बैठी रही रात का हाथ चुपचाप बढ़ता गया।

उड़ते बादल बुज़ुर्गों की शफ़क़त[1] बने धूप में लड़कियाँ मुस्कराती रहीं,
जब से जाना कि अब कोई मन्ज़िल नहीं, मन्ज़िलें राह में आती जाती रहीं।

रात, परियाँ, फ़रिश्ते, हमारे बदन माँगकर बर्फ़ में जल रहे थे मगर,
कुछ शबीहें [2] किताबों के बुझते दिये काग़ज़ी मक़बरों [3] में जलाती रहीं।

सारे दिन की तपी साहिली रेत पर दो तड़पती हुई मछलियाँ सो गईं,
अपने मिलने की वो आख़िरी शाम थी लहरें आती रहीं लहरें जाती रहीं।

नंगे पाँव फ़रिश्तों का इक ताइफ़ा [4] आसमाँ से ज़मी पर उतरने लगा,
सर बरहना [5] फ़लकज़ादियाँ [6] अर्श से आँसुओं के सितारे गिराती रहीं

इक दरीचे में दो आँसुओं का सफ़र रात के रास्तों की तरह खो गया
नर्म मिट्टी पे गिरती हुई पत्तियाँ सोने वालों को चादर ओढ़ाती रहीं

---

1. मेहरबानी 2. तस्वीर 3.समाधियों 4.झुंड 5.नंगे सिर
6. आसमान की बेटियाँ

सोचा नहीं अच्छा-बुरा, देखा-सुना कुछ भी नहीं,
माँगा ख़ुदा से रात-दिन, तेरे सिवा कुछ भी नहीं।

सोचा तुझे, देखा तुझे, चाहा तुझे, पूजा तुझे,
मेरी वफ़ा मेरी ख़ता, तेरी ख़ता कुछ भी नहीं।

जिस पर हमारी आँख ने मोती बिछाये रात भर,
भेजा वही काग़ज़ उसे, हमने लिखा कुछ भी नहीं।

इक शाम की दहलीज़ पर बैठे रहे वो देर तक,
आँखों से की बातें बहुत, मुँह से कहा कुछ भी नहीं।

दो-चार दिन की बात है, दिल ख़ाक में सो जायेगा,
जब आग पर काग़ज़ रखा, बाकी बचा कुछ भी नहीं।

अहसास की ख़ुशबू कहाँ, आवाज़ के जुगनू कहाँ,
ख़ामोश यादों के सिवा, घर में रहा कुछ भी नहीं।

o o o